NOZ

INVENTÁRIO

FRANCESCA CRICELLI

Reykjavík, 2022

POEMAS PARA SEREM REGIDOS EM SILÊNCIO 11

INVENTÁRIO 33

PONTO CEGO 49

INSULARES 59

A unidade familiar comeza co ruído dun corpo
[Yolanda Castaño, *Materia*]

A linguagem para negar e principiar
Acontecimentos feito correntes que dão partida —
E reiteram o mundo
Então tudo é tão fácil
Como coisa nenhuma
[Julie Mendel, "*Relikvie*"]

Meu Deus
primeiro o inventário, depois o inventar
[Jorge Portugal, "Esse sonho vai dar"]

PRELÚDIO

Entro nos teus olhos como num
bosque
cheio de sol
[Nazim Hikmet]

A orquídea do quarto
represa em suas raízes
toda a água para varar a noite,
eu caminho deslocando ponteiros.

É na ausência do pássaro
que se compõe o canto,
ou na recusa da fruta
de vir à rama quando não estás?

Não há hora que falte
nem tempo de sobra;
o silêncio, tua medida,
mantém-me o passo.

O resto é voo.

POEMAS PARA SEREM

REGIDOS EM SILÊNCIO

CONHEÇO UM PAÍS

*O que é um país senão uma sentença
à prisão perpétua?*
[Ocean Vuong, *Sobre a terra somos belos
por um instante*]

Conheço um país no qual não consigo dormir
nem acordar
nele vivo de sonho em pesadelo
conheço um país, mas não o reconheço —
quando em mim adentro suas tramas
armo-me até os dentes.

Aqui vivemos com uma mão na garganta e outra na corda.
Fios negros se desprendem das minhas vísceras quando
falo dele puxo-os afora, os dentes tremem,
a mão vacila
— um cordão às avessas —
olho nos olhos da besta.

Conheço um país, ele mora em mim mesmo
quando não moro nele:
a boca amarga, os ossos reluzem, todos os dias lhe
quebram as pernas
todos os dias ferem seu flanco, os pregos atravessam
as palmas das mãos
uma coroa de espinhos,
    um cão faminto,
todos os dias ele não morre nem sobrevive.

Puseram barro em nossos olhos
e veja nós vemos terrivelmente nós vemos
insistimos em cavar saídas, túneis abertos com unhas
                              [roídas de medo
na boca do inferno, entre labaredas, não consigo dormir
                                      [nem acordar.

Reconheço um país, mas não o conheço
faltam-me palavras para adentrar suas tramas
sob os meus pés a terra treme e do seu âmago o magma renasce
há sete mil anos não se via tanta incandescência.

O meu país não tem nome, mas mora em mim
        é chama ancestral.

À MINHA CAIXA TORÁCICA

*O que por aqui há de durar mais tempo
deve ser muito bem cuidado*
[Zbigniew Herbert, "Aos meus ossos"]

*Agora ficou fácil
Salvamo-nos da carne*
[Vasko Popa, "Osso a osso"]

Expande no meu sono quando respiro
sob a pele selada pela noite
e oculta os cortes invisíveis da carne
o que nesta cavidade permanece desenraíza o quarto
duas caixas torácicas em paralelo, algo incompleto

se o peito é pródigo
mas cala a fala e seca lágrimas
o que perdura é esta moldura
gaiola de ar e batimento

esta ossada não estará
no Museu Nacional, não,
estes ossos nossos não serão encontrados por arqueólogos
não foram feitos para vitrines
porque quando vivos abrigaram o pássaro

à esquerda de cada um no desencontro do abraço frontal
um canto da serra do mar, um canto de outro lugar

debaixo da terra ou sob o sol dos nossos nada sabemos
só existem aqui no agora e no silêncio os ossos
esta caixa que tudo cinge no escuro
tudo que hoje arde e descompassa
contém os vermes da terra
e o pedaço da vértebra de nascença
passado e futuro

nem entalar a garganta dos cães
nem ser o hiato dos séculos

enquanto houver seiva e sangue
estar eretos
roçar a boca nas costelas celestes.

MURMÚRIO DO BRANCO

[sobre um desenho da cidade de Krumau de Egon Schiele]

Chove sobre as cores,
é um autorretrato
o emaranhado do ocre com laranja
uma lança perfura o olho divino da falta.

Colore a densidade populacional nos mapas, o ocre,
mas as casas andam vazias
e estamos nus em frente às coisas vivas.
No murmúrio do branco
nasce o caminho do carvão
persigo as linhas com os dedos
sobre janelas e costelas.

As casas andam desabitadas de ti
e da desordem vital
que confere têmpera à luz oblíqua da tarde.

Não há sismo
e os jardins são todos internos
os desertos todos interiores e anteriores,
resistem ao regar das horas
resistem
ao esmiuçar com os dedos os pastéis a óleo sobre a
                              [folha de papel.

Arden las pérdidas
como na praia as labaredas vulcânicas sob a lua
                        [cheia de Reykjavík
e aporta
aporta
aporta também o esquecimento
esta velha casa.

PERCEBES

Ese sabor a sal na boca
Como se a morte viñese cada nove ondas
[Paco Souto, "Furtivos"]

são furtivos
os crustáceos que nascem na costa da Galícia
dizem que já habitaram a China
por lá chamavam-se dedos do diabo

percebes
sua pesca é da ordem das coisas arriscadas
desincrustá-los requer agilidade e destemor
fugir às ondas
ao choque mortal do mar sobre a pedra

mas percebes
se alojam onde as ondas mais quebram

colher a vida
à beira da morte
no meio do mar

ENSEADA

Trovoa ao longe
um lampejo
filtra o pano violáceo do céu
ilumina o quarto.

É um prenúncio,
sussurro de gotas
sobre as costelas de Adão.

Na pele e na rua
deslizam os carros
deslizam os dedos
deslizam sanguíneos
nas superfícies úmidas e cavidades —
n'algum lugar em mim e na cidade
chove torrencialmente —

mas para além
do recosto oblíquo dos olhos
para além da rotação dos planetas
no ponto em que não se vê
por trás da curva do globo
há a música
regência cósmica das esferas.

Ir ao fim do mundo
para apanhar a concha da vida,
e colocá-la aqui
no arco infinito dos lábios.

Na enseada da costa da morte
a vida quebra mais viva.

NEM TRONCO NEM RAÍZES

feridas como o fúcsia
da copa do jasmim-manga
no jardim nem tronco nem raízes
só ramos entrelaçando flores

a tristeza que dos olhos não se arranca
carrega a mesma vertigem que alimenta a luz
e a escuridão

ao longe os grilos rompem o silêncio
mas não a regência da quietude do peito

NATURE BOY

Nunca tenho a coragem de falar de ti
vasto céu do meu bairro
[Zbigniew Herbert, "Nunca de ti"]

Não tenho sob as pálpebras da memória
uma casa mítica para a qual retornar.

Tenho perdido o cheiro e os contornos
os nomes dos objetos, as cores do jardim.

É um corpo de atritos o retorno.
Só me detenho sobre as sombras,
converso com os mudos e os insensatos.
Suporto dilúvios entre os túmulos.

Você me diz
é difícil ser historiador da própria história
e diz que um aceno de futuro é mais forte
que a antologia de motivos para não vivê-lo.

O poeta também diz
não se surpreenda por não poder descrever o mundo
e só abordá-lo com ternura pelo nome.

Mas chove e não posso falar do vasto céu desse bairro.

Leio Zbigniew Herbert para não adormecer
tanto sentir entre dois pulsares
tantos objetos nas nossas mãos.

Mas você fala dos recortes do passado,
das fotografias, das matrioscas.
Desacelera.

Tudo nesta cama é bairro
desde que minha alma salva
esbarrou no seu futuro.

A DESMONTAGEM DE HAVANA

nem tudo é mar em Havana
não é só o ondear que nos chama

há nos olhos um pavor ligeiro de não se bastar

há o mar que não se vê
vai além do porto dos olhos a desmontagem de Havana

ao traço marulhado faltam cores

AÇAFRÃO

Outona
e as folhas se dobram sobre o chão
cada coisa se recolhe sobre sua raiz.

Nas entranhas da terra
os olhos dos gatos
aguardam a primavera.

DE TUDO QUE AMEI

Para Edith Södergran

de tudo que amei
resta-me a insônia
e um punhado de melancolia

há o que persiste
as horas à frente
o desencaixe
nosso ser antípodas-complementares

um passo atrás no calendário solar

é sempre violenta a reintegração de posse de um corpo:
costelas, aréolas
passageiras as ocupações
e giram as folhas no ar
rubor antes do gelo

mas para além do silêncio
para além dos paralelos que fatiam a esfera
há a espera
e o sonho

o que insiste
em ser primavera

ESJA

Uma montanha protege toda a cidade
como ninguém
como mais nada
protege
é anteparo contra os ventos do norte —
mas há algo de contorno ou travessia no dia
algo salta para além da parede rochosa
vem do mar
vem e corta o rosto
vem e traz o sal aos lábios.

Um degelo demorado pode nunca se avistar ao horizonte
o céu leitoso acachapado cresce como capim sobre as
[nossas cabeças
eu não alcanço suas raízes aéreas, não desfaço com os
[dedos o branco
pesa sobre peito o incolor.

E se destituíssemos os anteparos
e fôssemos, de novo, intempérie?

Há de se criar asas por dentro
feito os pássaros desta ilha
plumas azuladas a brotar escápula adentro.

Só no voo
que se refaz a crença.

TRÊS DA TARDE EM REYKJAVÍK

enquanto os mortais
aceleram urânio
a borboleta
por um dia imortal
elabora seu voo ciclâmen
[Haroldo de Campos, "1984: Ano I, Era de Orwell"]

enquanto os mortais
arquitetam destruir a terra
ou deter o aquecimento global
corvos entoam seu canto
curvam-se num voo duplo
negras as asas negros os bicos
cruzam em par o ciclâmen do céu:
são três da tarde em Reykjavík

chega repentina a madrugada
um só som rasga o sono da gata
um respiro profundo
são seis da tarde em Reykjavík

contra os prazos
o amor cresce como a massa do pão
farinha nos dedos leite açafrão

é uma herança-
feitiço
o gesto materno

partir e voltar

toda manhã
no escuro
no gelo
novelo

NO ENTANTO, HÁ O VENTO

o que sobra de ontem?
uma língua de neve em forma de pássaro

um desenho da infância
se espraia sobre o telhado da casa

a língua do ontem
a memória do gelo

nos resquícios, leio voos —

aprendi a domar desertos
no entanto, há o vento —
algo que me escapa

INVENTÁRIO

CABRA-CEGA DOS CORAÇÕES MISERÁVEIS

Para Ana C.

Em outubro, pela primeira vez, acordo imersa
                      [em meu próprio mar.

Ainda que turva e em desalinho, há a vista.
De tanta vida liquefeita, crescem inteiriços, ao redor dos olhos, óculos,
algum anteparo.
O corpo nu.
A cabeça escafandro.

Os peixes, fabulosas iscas do futuro, escondem-se entre
                              [as anêmonas,
nos cantos, entre as paredes.
E há escombros, relíquias, destroços.
Coral vermelho no centro do quarto.

A morte nos absorve inteiramente.
Choramos com a facilidade da nascente.
E consumida pela água, pelo tempo,
sou vestígio de uma nave.
Um timão atravessava-me o ventre.

Mas quanto tempo
tarda a morte
a morrer?

A ÚLTIMA FREQUÊNCIA DO VISÍVEL

quando já não urge ser visto
quando afundamos na observação e no silêncio
e só se escuta o correr do rio subterrâneo
abre-se sobre o peito a violeta do dia

seus olhos amarelos
suas pétalas resistentes
pura seiva e púrpura

como a iniciação à rota da seda
como cartas que chegam
e outras que não se inscrevem à tinta

é violeta a última frequência do visível
um hematoma, um coágulo, sangue perdido sob a pele

para além da flor
                só o raio ultravioleta
roça a memória lápis-lazúli
                do sonho ultramarino

O LUSTRE DO DIA

estamos à periferia de mundos
onde quase tudo é indistinto
as cores
os muros
os rostos nos trens
cartografia e pichação
paisagem de signos

estamos à beira
e mesmo quando nossos olhares cruzam a última ceia
a pietà rondanini
o lustre do dia
há um fora que insiste em ficar
e ocupar
o nosso centro

A CASA

¿Sabes tu cuánto mide
     l'alcordanza?
Siempre cambia'l tamañu de les coses
que guardes na memoria
[Antón García, "A casa"]

Que casa há onde não há mais casa?

Abatidas décadas e vidas
agora
tábula rasa
da calçada aos fundos
um só vácuo
espaço aberto
perímetro sob o céu.

Não há mais camélias
nem gardênias
nem flor de algodão a subir os tijolos à vista.
Foi o mundo
e permanecem, à esquerda, os ladrilhos
do banheiro dos avós.

Já não há a banheira verde,
mas há a sombra do verde
último traço da lembrança —
a casa onde nasci.

À vista o vazio
a terra vermelha
um só muro no fundo
o fundo do jardim sem jardim
e insiste o musgo,
entre os tijolos,
sobre o rejunte.

ESPELHOS

O que vendem as antiguidades
da Cardeal Arcoverde
quando vendem espelhos?

como soldados
ao fim do dia
pendurados sobre o cinábrio
dos tijolos, fazem continência
para o pôr-do-sol

na rua
a luz corre de leste a oeste

vendem o corte ou a moldura?
história de outros olhos

olha-me
um regimento de vidro e metal
e nele o sangue
no limbo
lago em miniatura
entre a córnea e a esclera do olho
limite fino da membrana invisível
segura o sangue

o que compram,
por um momento,
os passantes?

BOTÃO

Os melhores contos de fada são sobre nossa infância.
O meu preferido é que engoli um botão de marfim.
Minha mãe chorava.
[Zbigniew Herbert, "Botão"]

Minha mãe insistia que pregasse o botão solto à camisa
[de linho.
Que removesse o fio que já não o prendia,
que refizesse o alinhavado entre as fissuras.

Que o mesmo se segurasse bem sobre o tecido,
para não ter de pregá-lo quando enfim caísse,
poderia perdê-lo pelas ruas, sem notar.

Ver o frágil antes da quebradura.
Antes das coisas se perderem pelas ruas.
Antes do peito se expor à intempérie do tempo e do olhar.

Muito mais do que costura,
o olhar atento às coisas por um fio.

Tê-las nos dedos com cuidado e paciência.
Refazer o caminho do fio entre os furos.

LENÇOL FREÁTICO

*Contudo eis
que algo aconteceu, talvez um nada
que é tudo*
[Eugenio Montale, "Xenia"]

nada mais do que
uma
linha imaginária
divide da reserva a superfície

o silêncio caudaloso
alimenta as cisternas
tudo que o céu devolve
corpo recolhido
entre as margens

O que resta incrustado
no côncavo da memória?

luz refletida sobre o Arno?
som de córrego?
lua cheia colorindo as artérias da Amazônia
ou o Tietê putrefato?

só
o hipnótico
incessante movimento
diz:
"nem tudo termina por aqui"

há tanto curso
até o mar,
nossa existência aquática

levo sob os pés
o lençol freático da ausência

há sempre um rio
para medir a sede
do mundo

AS CURVAS NEGRAS DA TERRA

Nesta madrugada arderam
como a muralha chinesa incendiada de *lume*
as montanhas da Galícia;

o dorso do dragão em chamas
esteve à espera de um São Jorge aquático que nunca chegou.

Era uma serpente de lava a subir e descer
as curvas negras da terra entre Allariz e Redondela.

Daqui, da ilha de São Simão, ainda
envolvida na bruma tóxica,
sonho a fecundidade do nosso futuro.

A novidade da morte percorre-te
a espinha, brasa gélida
converte-se em pranto mudo o medo
às margens do porto azul dos teus olhos.

Tua pele-memória, desagua.

Tememos a falta do que habitaria o porvir
e então traduzes o que quase sei numa língua desconhecida.

Chove e não posso caminhar à beira-mar
para colher o olhar das flores
pétalas rodopiando sobre caules
como meus pulsos quando, no sono, os sorves.

O ESCORPIÃO

Mijar no escuro com a familiaridade de quem conhece a distância entre o vaso e o corpo, um ritual que se faz com os pés descalços, os olhos sonolentos e semiabertos. Acordar com a firmeza de quem não se sabe funâmbula, a felicidade de repetir os gestos até perceber a intrusão de um bicho cego e forasteiro: ouço-o antes de vê-lo, palpos e ferrões em castanhola, contorce-se sobre o batente, perambula sob a lâmpada de leitura: é uma mancha vermelha cruzando o chão e mede o meu tempo. Como pisar a terra, agora, quando à vista alcança a vida do alçapão? Escorpião-espelho, nem âncora nem cabo de aço seguram o passo: na madrugada sonolenta do ser há sempre o risco do ferrão, veneno infiltrando a pele daquela que sou e não sou. À espreita de mim, só me reconheço em lampejos.

INVENTÁRIO

*Espere os pregos
das nossas casas do passado
enferrujarem*
[Nathalie Handal,
"*Life in a Country Album*"]

A penumbra corta a imagem ao meio, uma criança na cama toma sol sobre a manta verde. A mangueira no meio do pátio, do lado direito o varal. Após a floração, os pequenos frutos que não vingaram tornam-se vaquinhas: as patas de palitos de fósforo os pescoços feitos de palitos de dentes. Como no poema sem fim, dentro da casa há uma menina, dentro da menina um coração, dentro do coração uma memória, dentro da memória uma casa. Infância que desfaz e se refaz — um inventário de ébano.

UM EU

no fundo de mim
um eu sofre
e sobre o muro espia os confins
um portão interno é uma fronteira maleável
há uma passagem que une os quintais de duas casas
no fundo de mim
um eu sofre
a confusão de quem é a mãe da filha
quem a mãe da mãe
no fundo de mim
sofre um eu sofre
no fundo os tantos
espaços abertos dilatados
no fundo de mim
um eu ergue paredes
fecha portas
no fundo
de mim um eu
é um

PONTOS CEGOS

BLINDHÆÐIR

PONTO CEGO
BLINDHÆÐ

Em islandês *blindhæð* não é só um ponto cego
mas uma colina, elevação que oculta a vista.

No sonho, na lateral do seu corpo,
a mulher carrega uma criança
ela mesma é essa criança.

Desliza numa lagoa
e entre uma braçada e outra abre-se uma nova
sequência infinita de águas cristalinas.
A nadadora avança
ora meteoro, ora espermatozoide.

Como para encobrir a falta
o sonho esgarça a porção de futuro que habita o passado.
Revela o que escapa —
ponto cego do desejo.

MINHA LÍNGUA

Minha língua aqui
       é muda
       ou quase

só existe no silêncio
diálogo íntimo assoprado
desenlace da tradução.

Minha língua, flor inversa,
palavra que é corpo e é linguagem
e não posso transpor.

*

Adentar o figo
            sua polpa-essência
é adentrar um jardim de vespas mortas

a língua a saborear a planta
o bojo doce um dia à espera da fecundação.

*

Que gesto é esse que se repete há 34 milhões de anos?

*

Adentrar essa língua
        sua milenar essência
é adentar minha memória de pedra

a língua antes dos dentes
o bojo sem contornos da existência primordial.

*

Não só na queda se perdem as asas
(há de se deixá-las do lado de fora)
também ao percorrer o corredor afunilado
à procura de alimento e perpetuação.

Ao penetrar o figo, abandonamos o voo.

*

Para cavar uma saída da urna silente
servem mandíbulas fortes
dentes ferozes e olhos minúsculos
                      — saber se orientar
                           [na escuridão.

*

A muda de hortelã não morreu ao ser arrancada do solo
— sobrevive num vaso —
inventou raízes e uma nova folhagem.

*

Na minha cidade aguardamos o degelo do solo
como a língua espera pela dentição —
roçar as coroas que apontam das gengivas
preparar a mordida —
o que sobrevive sob o manto branco?

Nossos corpos estranhos se preparam
(como a vespa-mãe depõe seus ovos no figo)
raízes de hortelã
em busca do chão.

AONDE VÃO OS GRITOS

I
A inspiração que o antecede é muda.
A espera que separa a inalação do som é muda.
Se alargam as fossas nasais e é sugado para dentro o ar,
invade a boca — desliza traqueia abaixo,
se bifurca nos brônquios, segue rumo aos alvéolos.

É uma árvore invertida o que mora no peito.

II
O que não pode ser dito se desprende da boca como bolhas
                                  [de vento dentro do
mar:
o peito uma piscina noturna, vazia e iluminada.
Quanto mais fundo o mergulho, mais rápido se propaga o som.

III
O que não pode ser dito emerge em erupções vulcânicas
                                  [sobre a superfície
cutânea:
um planalto de basalto, a pele.
Há vulcões cujo magma viaja em escape horizontal,
escrever *um rochedo de gritos* como caminhar num campo
                                                [de obsidiana.

IV
Por que gritas, mulher?

V

A boca se serve de todos seus instrumentos:
língua, lábios, dentes, palato e gengivas —
o todo se articula para rumorejar.

VI

Que silêncio é esse que nos ocupa?
A língua a roçar os dentes, um enxame por dentro dos lábios.

VII

Nós somos generosas, estendemos nosso silêncio,
nosso corpo, nosso sangue
para que suas vozes prevaleçam —
somos generosas, somos eco ou concórdia.

VIII

O campo invadido por algas,
as algas congeladas pela madrugada —
são três da tarde, a última hora do dia.

IX

Numa vida de múltiplas migrações
a andorinha-do-ártico percorre a distância entre a terra
                                            [e a lua
atravessa e reatravessa o Atlântico, de polo a polo,
em busca da luz.
A andorinha-do-ártico tem seu par, mas na travessia
os pares se perdem.

X
Os barcos não chegam até a Islândia, chega a convenção
                              [de Dublim.
Um continente passa anos a aprender a arte de erguer muros

     — aquáticos, aéreos, invisíveis.
Um homem de vinte e dois anos atirou-se à corredeira
                              [de Gullfoss.
Ele vinha da Geórgia. Outro imolou-se diante da
                       [Cruz Vermelha.
Aonde vão os gritos de fogo e água

                            aonde o grito em busca de casa?

XI
Na Islândia há poucos pássaros estacionários,
        [são muitas as aves de arribação.
Há os conselheiros de Óðin, nanquim sobre o gelo.
Há a *lóa* que anuncia a chegada da primavera, *lóan er komin* —.
Desprendem-se as patas dos ramos e seguem a vida,
                          [queda invertida.

XII
O grito
     também é voo.

INSULARES

ISLÂNDIA, 2019

Guaçatunga, guaramirin, não só uma letra
marca a nem tão clara diferença.
Dourado café do mato e vermelho café cambão,
como cebola, cenoura e salsinha reinam
no incandescente deleite de sempre
no sul cheio de cantos e de cores.
Na Islândia, a ilha azul e branca,
não há pássaros, só aves marinhas,
canto nenhum, somente o das mãos,
mãos que não movem todas as pedras
para que o musgo nasça verde
e comece então a cantar, suave.

OLHA PARA MIM: ESTOU AQUI e nesse ponto de solidão
[não tenho fala
e na falta, agarro-me ao reflexo de mim em teus olhos
olha para mim: aqui à beira da ilha, de palmas abertas ao mar
onde em cada esquina há o Atlântico ou a montanha
para criar raízes em solo vulcânico
há de se imaginar os milênios sedimentados, as dobras de luz
[e cada erosão
ter a coragem dos pés que acolhem a porosidade
[da lava
aguardar a água até o musgo vingar
olha para mim: espelho, novelo, relevo curvo no fundo do azul.

SER O SAL QUE TIRA DO MUNDO A CEGUEIRA DO BRANCO

As torres desta cidade elevam-se como declarações de amor
diz Zagajewski num poema póstumo para Herbert
e eu adentro os tácitos fios desta conversa
peço licença pela lembrança
na Avenida Paulista não eram torres,
mas antenas e sobre elas, confusas elevações
— o que são estes braços metálicos que apontam para o céu?
seriam estas as catedrais de São Paulo?
Onde não há horizonte faz-se no céu uma saída.

E que saída se faz quando tudo é céu e tudo é mar
lá onde só há horizonte
como represar a paisagem por trás dos olhos?
retroceder no espaço como fazem as geleiras
rasurar paisagens sobre a pele.

Nos esgarçamos aos poucos quando não nos perdemos
deveríamos autorizar o tempo, o longínquo, as quedas d'água
o sonho que ronda o nosso sono e paira sobre os olhos
sobre as pálpebras fechadas.

Há tanto vento em ti e tanta estrada à frente
as nuvens não estarão sobre nós para sempre,
no equilíbrio entre a melancolia e o riso
traçar o risco
enraizar declarações de amor
plantá-las feito tempero

fazer com que cresçam como tomilho numa estufa geotérmica
ser o sal que tira do mundo a cegueira do branco.

A CADA GIRO DO SOL

o dia é pequeno e a cada giro do sol
perdem-se cinco minutos de luz

da rua vê-se a casa, as janelas abobadadas
o vaso a costela de Adão

da janela, à meia-luz, vê-se a mãe
em seus braços o filho
em seus olhos azuis acinzentados o rosto da mãe

no rosto da mãe o sol da meia-noite
em pleno novembro
represado atrás de suas pupilas

MULHER PELO FIORDE

Dirige-se à montanha todas as manhãs
como uma peregrina segue ao santuário.

O vento tinge de branco
a transparência do mar,
patos e aves de arribação rodeiam,
famintos, as algas emergidas na baixa maré.

Procuram peixinhos
incrustados nas encostas, alguma presa fácil
sob o sol do verão.

A montanha muda de cor e dimensão
conforme a rotação dos passos da mulher pelo fiorde.

Veio até aqui para respirar, atirar
ao mar as suas injúrias
do istmo há melhor vista para o farol
a montanha abraça-a
destinge o rio de sangue das suas lembranças
como maré alta, inunda encostas,
devolve o peixe ao mar.

A LOBA

Da loba não se tem notícias
por que teria se aproximado do Tibre,
para matar a sede?
Ninguém levou água à loba
e assim sobreviveram os fundadores de Roma.

Cansada de amamentar seus lobinhos
saiu do santuário e desceu às margens do rio
de Rômulo e Remo conhecemos a linhagem
mas a história da origem é nebulosa
como toda origem é nebulosa
a mãe, Rea Silvia, fora estuprada por homem terreno,
diz Tito Lívio, não seduzida pelo deus da guerra,
talvez pelo próprio tio.

Após dar à luz os gêmeos foi morta ou encarcerada
há controvérsias, talvez enterrada viva por descumprir o
[voto de castidade.

A loba, anônima, vive imortalizada no bronze
em latim as palavras *lupæ meretrices ambulatrices fornicatrices*
indicavam o mesmo ofício
mas também *noctilucæ*
luz noturna
vaga-lume.

Nem na fundação de Roma, nem agora
nunca se sabe ao certo
como morre uma mulher.

PRECE A AUÐUMBLA

Auðumbla das divinas tetas
deusa primeva dessa latitude
que seus quatro rios de leite
abençoem os meus córregos
que nunca me falte a fonte
na curva noturna entre os
os meus bicos e os lábios dele.

AMOR

Dormes em silêncio
numa tarde celeste
a mão esquerda roça tuas narinas
dentre angústias e fantasias
demasiado maternas
te acordo
criancinha

QUANTAS TENTAÇÕES

Quantas tentações atravessam-me
no percurso entre o quarto
e a cozinha, entre a cozinha
e o banheiro. Um quebra-
-cabeça de madeira, pedaços
de morango no chão, um pé de meia,
estrelinhas de macarrão —
olho pela janela,
mar revolto, vento de dobrar
as árvores, aos meus pés o filho engatinha.
Assim esqueço a ideia principal,
quem fui, quem sou,
perco-me no caminho,
um dia após o outro,
despeço-me de mim.

PARTÍCULAS ELEMENTARES

Mal me desprendo de ti enquanto dormes
ergo o braço esquerdo
minha pele faz moldura ao redor dos teus cabelos
fios ruivos e sutis
o teu hálito mantém meus olhos costurados
o peito e a barriga
e se agora finalmente submerges no sono
desunimo-nos
sonhos talvez
os membros se movem a solavancos
a boca uma flor muda
ergo minhas costas — mas me procuras
e esta nossa dança continua
como se devesse nascer uma estrela
perturbados em nossa posição de equilíbrio
pomo-nos a girar em turbilhões
formamos um núcleo primeiro de condensação
duas partículas elementares.

SEREIAS DO PENSAMENTO

não há de ser
só escuro o lado
de dentro do muro
o avesso do viço esse pesar

é a retina
que rege o furor das coisas

sob o descompasso da neblina
há terra úmida que germina —
o coração do ventre
mora no olhar

há de se descortinar o céu de si
vento estrela aurora boreal
arrancar da própria costela a mulher que lhe habita
morrer-se a cada dia um tanto
concha
semente
pranto
navegar além do canto (e do silêncio)
das sereias do pensamento

TAXIDERMIA

São as penas. E às vezes, a pele ao redor da carne;
e às vezes, o primeiro sinal do músculo do peito.
São aves, aves de rapina ou de arribação,
sozinhas ou em conjunto formam cenas:

raposa abocanha pássaro, cegonha em um voo estático vertical,
ave faz guarda ao ninho cheio de ovos.

Viverão pela eternidade por trás da vitrine no saguão.
Penso nos objetos que nos sobrevivem, imortais e desalmados,
animais mudos e pacientes que acatam nossos olhares.

Carrego meu filho nos braços, mostro-lhe os corpos
[embalsamados.
Sinto a lâmina do cansaço com a precisão do taxidermista.
Pele e plumas, despidas do corpo, repousam à espera do molde.
Assim a palavra sobre a página: chumaço de penas
[arrancadas à vida.
Uma a uma colo-as, costuro-as, dou-lhes uma demão
[de verniz.
Escrever o poema como esticar a pele sobre o simulacro.

Entrelinhas

O poema CONHEÇO UM PAÍS inclui os versos "Puseram barro em nossos olhos/ e veja nós vemos terrivelmente nós vemos" que são de *Entre outros massacres,* de Aimé Césaire, a tradução é do poeta Léo Gonçalves. No poema MURMÚRIO DO BRANCO, o verso "e estamos nus em frente às coisas vivas" é de *As imagens transbordam,* de Sophia de Mello Breyner Andresen, assim como *Arden las perdidas* é o título do livro de Antonio Gamoneda. ESJA é o nome de uma montanha que protege Reykjavík, a capital da Islândia, dos fortes ventos do Norte. O poema ISLÂNDIA 2019 é uma transcriação do poema "Islândia 2000", de Ida Vitale. Na mitologia nórdica, *Auðumbla*, como o título do poema, era a vaca alimentadora, a Mãe Terra. Amamentou o deus Ímer e lambendo o sal do gelo desenterrou e deu vida a Búri. AMOR foi escrito a partir de um poema homônimo de Inger Christensen, traduzido do dinamarquês por Luciano Dutra. O poema QUANTAS TENTAÇÕES nasce em resposta ao "*Quante tentazioni attraverso*", de Patrizia Cavalli. PARTÍCULAS ELEMENTARES é uma versão em português de Hugo Lorenzetti Neto do poema "*Particelle elementari*", escrito especialmente para o poeta e tradutor. TAXIDERMIA começa como se estivesse em diálogo com o poema "Cutelo", de Dirceu Villa.

Francesca Cricelli, Islândia,
dezembro de 2022.

Dados Internacionais de Catalogação na Publicação (CIP)
de acordo com ISBD

C928i
Cricelli, Francesca

    Inventário / Francesca Cricelli
    São Paulo: Editora Nós, 2024
    80 pp.

ISBN: 978-65-85832-48-9

1. Literatura brasileira. 2. Poesia. I. Título.

2024-1878   CDD 869.1   CDU 821.134.3(81)-1

Elaborado por Odilio Hilario Moreira Junior , CRB-8/9949

Índice para catálogo sistemático:
1. Literatura brasileira: Poesia 869.1
2. Literatura brasileira: Poesia 821.134.3(81)-1

© Editora Nós, 2024

Direção editorial **SIMONE PAULINO**
Editor **SCHNEIDER CARPEGGIANI**
Editora-assistente **MARIANA CORREIA SANTOS**
Assistente editorial **GABRIEL PAULINO**
Projeto gráfico **BLOCO GRÁFICO**
Assistente de design **STEPHANIE Y. SHU**
Preparação e revisão **MARIANA CORREIA SANTOS,**
    SCHNEIDER CARPEGGIANI
Produção gráfica **MARINA AMBRASAS**
Coordenação comercial **ORLANDO RAFAEL PRADO**
Assistente de vendas **LIGIA CARLA DE OLIVEIRA**
Assistente de marketing **MARINA AMÂNCIO DE SOUSA**
Assistente administrativa **CAMILA MIRANDA PEREIRA**

Imagem de capa: **FERNANDA VALADARES**
"Backrooms 01"; encáustica sobre compensado naval; (2023).

Texto atualizado segundo o novo Acordo Ortográfico
da Língua Portuguesa.

Todos os direitos desta edição reservados à Editora Nós.
Rua Purpurina, 198, cj. 21
Vila Madalena, São Paulo, SP
CEP 05435-030
www.editoranos.com.br

Fonte **MARTINA**
Papel **PÓLEN BOLD 90 g/m^2**
Impressão **MARGRAF**